Nicolas Born
Gedichte

Nicolas

BORN

Ein Lied das jeder kennt

Verlag Volk und Welt
Berlin

Herausgegeben von Chris Hirte
Illustration auf Seite 4 von
Dieter Goltzsche

ISBN 3-353-00533-1

1. Auflage
Lizenzausgabe des Verlages Volk und Welt, Berlin 1989
für die Deutsche Demokratische Republik
mit Genehmigung des Rowohlt Verlages, Reinbek bei Hamburg
L. N. 302, 410/50/89

Printed in the German Democratic Republic
Einbandentwurf: Horst Hussel
Satz, Druck und Einband: ID
LSV 7305
Bestell-Nr. 649 041 2

00580

Kleine Zeichnung

Siehst Du, Kind, wilde Kastanien
auf dem Wellblechdach, das Auto
klarsichtverpackt, hartgefroren,
das faulige bereifte Laub, siehst Du
Gestalten, schwere Schatten
durchs Gebirge gehn.
    Was wir "stechenden Schmerz" nennen
ist auch Erinnerung.
Kind, so lange stirbst Du
je ferner, umso näher.
Saftige Erde, eingefrorener Kahn
Du schaust verdutzt aus Deinem Wollzeug
das feucht vom Atem ist.
Schöne Abendröte, Stöcke rubbeln,
weiß gefrorene Seele, dauerndes Erzählen.
    Die Pracht faulender Äpfel "geht über",
Pappeln am Ufer, unwiderstehlich hart.
In der Hand langsam gewachsener Bleistift.
Die losgelassenen Schlittschuhläufer
    – fließend.
Kind, halt mal!
    Aufblitzende Kufe.
Ich sehe nichts, bin nicht da,
Zündhölzer flammen auf überm Eis.

Nicolas Born

Marktlage

Was ist los?
Die Hunde gebärden sich heute
wie toll.
Die Bewegungen der Hauswartsfrau
ergeben wieder Reglosigkeit.

Auf dem Markt ist Leben
all die frischen Gemüse und Kräuter
sollen gekauft werden.
Der Fischstand geschlossen
das Angebot an Frischfleisch groß.
Südfrüchte billiger
Schlangengurken Kopfsalat billiger
erstaunlich wie Bananen
verschleudert werden.
Kohl billig Tomaten teuer
Paprikaschoten gehn aus
Chicorée erst in 14 Tagen.

Die leeren Flaschen müssen
gestapelt werden, die Winterkleider
gesichtet. Bald werden
die oberen Knöpfe geschlossen.
Die Hunde streunen
die Autos parken länger im Dunkeln.
Über den ersten Schnee gehen alte Damen
an der Seite alter Herren.
Merkwürdig ist der Winter
bevor er kommt.

Selbstverantwortung

Jeder sein eigener Volksempfänger
jeder sein eigenes Kaufhaus
Konserve für den Winter der kommt
jeder sein untötbarer Held im Verkehr
sein eigener Fisch an der Angel
jeder sein saloppes Ärgernis
verlogen verschwiemelt
jeder sein scheinheiliger Mörder
wenn er an der Reihe ist
es auf ihn zukommt unvermeidlich
wo er sich gerade eingeordnet hat
aufgerückt ins Licht
ungeachtet der Schmarotzer
an den Öffnungen des Leibes
den sie auffüllen als Gegenleistung
mit Fraß.
Wozu an dieser Stelle Kleinigkeiten
daß die Kinder überfüttert sind mit falschen Daten
daß die Erde Papst und Krupp gehört
der Himmel den Starfightern
die Nordsee der NATO.
Klein beigeben
wieder und wieder kochen
die Bohnensuppe mit Speck.
Einmal steht jeder vor der Frage ob
er selbst fährt oder sich fahren läßt.

Abonnement

Viel passiert zwischen meinen paar Wänden
manches habe ich unter Putz gelegt.
Die Zeitungen bringen Unruhe und Hitze herein
halb ohnmächtig krieche ich durch die Nachrichten.
    Gerädert von Todesarten, gefüllt mit Suppe
mach ich mich fit für die Nachtausgabe
dazu gehört ein Gang durch die Umgebung.
    Vom Lesen und Blättern wund und schwarz
hat es mir wenig genützt
täglich für Groschen
die Lügen der Welt zu kaufen.
    Ich bin abonniert
auf Stapel von Unglück und Revolution
Berichte von der Gartenschau machen mich befangen.

Selbstbildnis

Oft für kompakt gehalten
für eine runde Sache
die geläufig zu leben versteht –
doch einsam frühstücke ich
nach Träumen
in denen nichts geschieht.
Ich mein Ärgernis
mit Haarausfall und wunden Füßen
einssechsundachtzig und Beamtensohn
bin mir unabkömmlich
unveräußerlich kenne ich
meinen Wert eine Spur zu genau
und mach Liebe wie Gedichte nebenbei.
Mein Gesicht verkommen
vorteilhaft im Schummerlicht
und bei ernsten Gesprächen.
Ich Zigarettenraucher halb schon Asche
Kaffeetrinker mit den älteren Damen
die mir halfen
wegen meiner sympathischen Fresse und
die Rücksichtslosigkeit mit der
ich höflich bin.

Einzelheit, damals

Hauptsächlich Glas ging in Trümmer.
Regional, sagen wir mal, war gar nicht viel los
von den Ahnungen abgesehen
den Nachrichten unter der Hand
wenn Eheringe über den Fotos von Vermißten
zu kreisen begannen.
    Kriegsreste (Erkennungsmarken)
schepperten auf der Reichsbahn.
Auf solche Weise kehrte Onkel Norbert zurück
metallen, einer aus Stückzahl 100
Inhalt einer ARI-Kartusche
gefunden zwischen den Gleisen der Straßenbahn
bei Sturm.
In den toten Wagen lagen Splitter herum
seltsame Formen im Seegras
die Sitze waren zerfetzt.
Die Kurbel ließ eine halbe Drehung zu
– wir waren glücklich.

Man hat sich Rußland riesig vorzustellen
ausgesprochen endlos.

Eine Liebe

In Köln-Knapsack küßte ich eine Frau
unter einer Brücke 1963.
Wie ihr Gesicht war
so mag ich Gesichter.
Dann hieß sie Heidelinde
das sagte sie.
Ich möchte wissen
wie sie mich dabei ansah.
Draußen war es zu kalt.
Wir verabredeten uns auf einen Zufall.
So bald komme ich nicht mehr nach
Köln-Knapsack.

Das Weiterkommen

Wer geht kommt weiter.
Ich habe dagegen gesagt: es ist
das Gehen –
kein Vorankommen.
      Wir haben Vögel geortet
essenden Schwarm, Luft und Wasser
nahmen von ihm, es war
kein Vorankommen Fallen.
Die Züge
in Richtung Osten und die Züge
in Richtung Süden
und die hinauffahren in den
tuffsteinernen Himmel der Niederlande –
      (der hat dort Mädchengesichter
nach allerbestem fernöstlichen
Zuschnitt)
kommen nicht leer zurück.

Science Fiction unterm Arm und einige
gestrige
Möglichkeiten von Kybernetik
essen wir am Wannsee Spiegeleier
von der holländischen Klasse A.
      Oder wir kommen nicht weiter
und kehren um (da steht ein Warnschild)
mein Freund, 5 Gehminuten entfernt
von Kleist, liegt im Bett. Ihn
belasten unvorstellbar die Daunen.
Er überredet mich
zur Großschreibung der Substantive.

Nachrufe

Mein Gott habe ich gedacht etwas Mut
mein Gott als sie zu sehen war
auf dem Höhepunkt der Fahrbahn
(dahinter ging es bergab durch zwei
Kurven ins Dorf).
Man hatte sie zugedeckt. Zugedeckt
sah sie flacher aus als ich sie kannte.
Dem Kleinwagen fehlte die Windschutzscheibe.
Er umschloß etwas Dunkelheit
an diesem späten Nachmittag.
Sie hoben die Decke ab vom Gesicht.
Meine Antwort war: Sie ist es.

Erde gibt nichts wieder heraus
es sei denn ich dächte an damals
als sie R. H. wieder ausgruben:
sein Gastod war mysteriös.
	Er soll schwarz gewesen sein
das Fleisch schon schütter
Tuff und Gallert seine Leiblichkeit
aus der nicht Blicke standen
wie früher wenn er verstand und
jähen Bewegungen folgte oder
seine Kiefer klafften – breiter
Spielraum des Staunens.
	Einmal sprachen wir
über die Mühsal des Atmens undsoweiter –

P. B. aus Altenessen wurde interessant nach 45
später fand er in vielen Gemeinden ein Bett
mit Klunte, wie er sagte.
Das Steineklopfen befriedigte ihn anfangs noch
dann ließ er andere klopfen
er war nicht auf die Augen gefallen
karrte nachts die sauberen Stapel weg
erzielte Höchstpreise
(sie zahlten ihm das Geld in die geöffnete Faust).
im 47er Winter klaute er Kohlen
von Waggons herunter in der Rangiergegend
(er war in jener Zeit nonchalant)
nonchalant stülpte er dem beamteten Aufpasser
einen Eimer über den Kopf.
Ein Schlag mit der Schüppe drauf machte die Sache
rund und erzählenswert.
Später machte P. B. Fehler. Er fand nicht zurück
verhielt sich schädlich in der Bundesrepublik.
1956 wurde er zum letztenmal gekascht
(wie er den Lastenausgleich betrieb: destallierte
aus Neubauten Blei und Kupfer
dabei kamen Nachtwächter zu Schaden).
Er erhängte sich nach einem Wutanfall
im Untersuchungsgefängnis.

Ein Mädchen das nicht viel auf sich hielt
war Yvonne (bürgerl. Karin Fell).
Jedem nahm sie die Not ab
das hielt ihr Körper nicht.
Ihr Lieblingsgetränk war Wodka
ihr Stolz der kommunistische Vater hinter Gittern.

Sie nahm Jungunternehmer
und Landtagsabgeordnete aus
und war die erste in ihrem Revier
die mit keinem Louis teilte.
Aber es gibt eine Menge Vorbestrafter
die sich durchfraßen bei ihr.
Sie liebte ihre kleine Schwester Veronika
der sie eine Summe mündelsicher hinterließ.
Sie war katholisch und bekam
ein schönes Begräbnis.

Anzeige

Im Spiegel können Sie sich überzeugen
ob Sie zu den drei von vier Männern gehören
die durch glanzloses schuppiges Haar
auffallen

Kleidungsbewußt wurde der Mann
hemdenbewußt und schuhbewußt
er geht nicht mehr ohne Hut

Weil eine übertolerante Umgebung darüber
hinwegsieht
leisten sich die Herren der Schöpfung einen
Kopf
der nur unter der Kopfhaut funktioniert

in der Kopfhaut sterben unterdessen die
feinen Haarwurzeln ab
das Haar verkümmert

Werden Sie durch DIPLONA ein Haarkultivierter
es ist höchste Zeit
Sie wissen nicht wie lange Ihre Umgebung
diesen Kopf toleriert

Der Kampf mit den Bullen*

Geh nicht hin
die Karten sind längst verteilt
der Kampf ist Schwindel.
Wenn die Bullen Tritt fassen
ist es für dich schon zu spät
du kommst ins Rennen und bist
in der Leberwurst
sie stechen dich an und quetschen
dich aus
der Allmächtige läßt die Sirenen heulen
Knüppel kommen vom Himmel
du kriegst eins auf den Kopf und machst
einen Diener
du kriegst eins in den Sack und rufst
Hosiannah
nimmst du die „Hände hoch“ hast du
Beamte gesteinigt
schreist du au au
hast du skandiert
bumms da bist du über die eigenen
Beine gefallen
du wirst mit Mitteln
zum Schweigen gebracht
sie tun für dich was sie können
das ist alles was sie für dich
tun können.
Programmgerecht klappst du zusammen und siehst
Tante Maria und Onkel Josef am Rande

* Titel und Anfang variieren ein Gedicht von Jacques Prévert

der Veranstaltung
du liegst im Dreck
unter den Tritten deiner unschuldigen Opfer
und singst nach dreimaliger Aufforderung
die dritte Strophe
Vater und Mutter sehen vom Café aus zu
sie sind irgendwie interessiert daran
daß du am Leben bleibst

Guten Morgen

So ein Morgen ist doch gut
wenn es ein guter ist.
Die Nacht war ruhig und gleichmäßig
durchblutet
die Beine gehorchen bei einem
kleinen Trab durch die Wohnung.
Wer bei offenem Fenster gurgelt
der macht auch ein paar Kniebeugen
und bewegt sich gleichgültig
in einem Hauch von Chlorophyll und Minze
fühlt lange noch das Wasser
eiskalt im Nacken abfrottiert
trägt frische Wäsche und ist ganz
gelöst von Schmutz und Schuppen.
Milch steht vor der Tür es ist
nicht Sonntag keiner redet
kein Persilkritiker vermiest
das Weiß des Tischtuchs
der Kaffee dampft die rote
Marmelade ist so rot
keiner hält Anspielungen
für angebracht.
Er ist allein aber er könnte
rufen und wäre es nicht mehr.
Nichts kann ihn hindern nach der ersten
Zigarette alles prima zu finden.
Mach dir nichts vor du bist in Ordnung
dieser Morgen war lange verdient.
Wenn du erst deinen Kopf durch die Straßen trägst
sieht alles

wieder anders aus
nach Morgenzeitung
Mittelwelle und wenn du
dem ersten Arschloch von nebenan
begegnet bist: Guten Morgen!

Ein Lied das jeder kennt

Diese Nacht
die ist so zauberhaft
wirklich
(wir haben Glück mit dem Wetter)
ein bißchen kühl
für die Jahreszeit
        (man zieht besser
noch was drüber)
aber schön
sie hat sich
untergehakt
hüpft ziemlich lustig
        (schon wieder Vollmond
was hab ich gesagt)
wir haben Schatten
sie summt
ein Lied
        (das jeder kennt)
dazu die Schritte
auf Kies
wie Obsttorte
mit Sahne

Säfte

Da habe ich wieder
was ich nie haben wollte
ein Frühstück
und so einen
Sonntag
(wirklich
    ich wollte das nicht)
sie meint
das gehöre alles dazu
(mit allen
    Schikanen)
ah schwarzer Kaffee
Säfte (Säfte)
Schinken und
was soll ich sagen
die Finger
unter so einem Rock
das / ist / Frühling
es zwitschert
das ist
alles
unter einem Dach
das Denken in Zeilen
die Stimmungen
von Schallplatten
das gelegentliche
Geficke
hier mal da mal
das Nur-so-tun
da hört

alles auf
wisch ab den Tisch
sie sagt: typisch das
hier
auf dem Papier

Der Verschüttete

Der Verschüttete ist heute dreißig
seine Fähigkeiten (er kann lesen
und schreiben)
täuschen über ihn hinweg
seine Auskunft über den Hergang
(„da hab ich geschrien")
ist nicht schrecklich
er sieht einen dabei an.
1945 war er verschüttet
zwei Tage lang einsam unter der Welt
ein Räumungstrupp des Volkssturms
buddelte ihn aus
seine Mutter schloß ihn in die Arme
als wäre er noch immer ihr Sohn
seitdem stottert er täglich
wenige Wörter der deutschen Sprache
seine Augen sind in großer Unruhe
er ist keine Gefahr für die Öffentlichkeit
aber wenn seine Narbe rot wird
muß man aufpassen
er lebt etwas unter dem Strich
geht er weg muß er sagen wohin
er ist Tischler aber kein guter
manchmal verschenkt er Geld
das er manchmal gestohlen hat
keiner kann ihn haftbar machen
jeder muß ihm alles dreimal sagen
ein paar Leute wissen
was für ihn besser gewesen wäre
er lebt wie gesagt etwas unter dem Strich

und schuld daran ist
so sieht es seine Umgebung
dieser verdammte Krieg

Fünfzehnte Reihe

Soldaten in Stellungen
zählende Offiziere: tote Feinde
reihenweise
dann eine Frau die weinte sehr
    (wo Asiaten sonst doch immer)

und einer lag
in der Gegend herum
dem fehlte Verschiedenes

die meisten lagen krumm und verdreht
mit weit offenen Augen
in denen nichts zu sehen war

die Kinder bekamen genug
zu essen
sie schrien auch nicht mehr

dann fing der Hauptfilm an
wir saßen Fünfzehnte Reihe

Da hat er gelernt was Krieg ist sagt er

I

Er hat eine Ahnung von Nichtwiederkommen
in der Allee die sich hinten
ordentlich verengt wie auf Fotos.
Aber kaum verschwunden ist er wieder da
kaum bin ich vom Fenster weg
wird er riesengroß auf Fronturlaub
der immer (sagt er zu seiner Frau)
der letzte sein kann.

Er ist im ganzen eine Überraschung
seine Stimme klingt im Korridor
etwas anders
(es ist eher die Stimme seines
Bruders der vermißt ist)
du du sagt er und sieht sie komisch an
und fragt – da bin ich weg –
wo ist der Junge.
Sie stöbern mich auf
ziehn mich hervor knallrot die Augen zu
aus dem Einmach-Regal.
Als hätte ich Spaß gemacht lachen sie
und verlangen von mir das gleiche
ich muß umarmt und geküßt werden
bis ich schreie.

Nachdem ich ihn nicht mehr gemocht habe
mag ich ihn wieder
er spürt das sofort und nimmt von mir

was er kriegen kann.
Es ist das Erlebnis der Weite sagt er
das man in Rußland hat
es ist ein rätselhaftes Land.
Später einigt er sich auf die Bezeichnung:
Land der Gegensätze.
Er ist da in voller Überlebensgröße
will auf einmal wieder mein Vater sein
das kostet ihn Geld und viele Worte.
Ich liebe ihn nur wenn ich reite
auf dem hohen Nacken dieses Vatermenschen
der in Rußland war.

II

Theodor Anton Friebe (40) schlug mich hart
er zog mich hoch aus Zimmerecken teilte
die Schläge in Rationen ein
(zwischendurch drehte er sich um
ob er noch die Zustimmung meiner Mutter hatte
sie weinte nickte aber tapfer zu jeder Ration).
Er ist ein Arschloch habe ich geschrien
wenn Vater kommt der macht ihn kaputt
doch Theo Friebe
(Asthmatiker, stellvertr. Bürgerm.) sagte:
Dein Vater ist mein Freund
wenn du mich erpressen willst hier ist
dein Vater
und nahm das Bild in beide Hände und
trieb mich damit vor sich her
ich wich meinem Vater zur Seite aus
doch Friebe entwischte ich nicht:

Hier ist dein Vater entschuldige dich.
Friebe schlug mich hart in Millingen am Rhein
bis ich mich entschuldigte mit Nasenbluten
bei meinem Vater der danach
wieder ganz ruhig auf dem Klavier stand.

III

Da hat er gelernt was Krieg ist sagt er
brachte aber keinen Streifschuß mit
keinen Splitter im Rücken
der nicht zur Ruhe kommt
der ihn verändert hätte
später
als ich wehrpflichtig wurde.
Er brachte Geschichten von Feindberührung
zum lebendigen Erzählen beim Bier
er brachte das Geständnis Angst gehabt zu haben
was ihn mir nicht glaubhafter machte
aber reinlich stand er da und reimte alles
„Churchill hat gesagt: Wir haben
das falsche Schwein geschlachtet"
und liebte mich ab 47 wieder von vorn
er war nicht amputiert und nicht
gar nicht zurückgekommen
ich weiß nicht ich glaube
ich atmete trotzdem auf.

IV

Er hat überlebt
er kehrte als Heimkehrer heim
Februar 47 es war hell und kalt
die Pappelallee knüppelhart gefroren.
Am Friedhof nahm er die Mütze ab
er hob die Hand
er grüßte von unten herauf
ein schmaler älterer Mann.
Als er im Haus war sah es so aus
als nähme er sich eine Frau
sie sahen sich an er umarmte sie
sie riß sich los und weinte am Schrank.
In der Nacht noch kamen Verwandte
zur Begrüßung mit Eigenheimer Korn
mein Vater war sofort betrunken
sie haben ihn ins Bett gebracht
ich trug die Schuhe hinterher.
Alles fing ganz langsam wieder an
die Schwierigkeiten hielten die Ehe aus
vorläufig gab ich ihm keine Antwort
er hatte den Krieg verloren.

V

Er sprach ich bin gemäßigt
gab immer öfter Adenauer recht
baute ein Haus
kämpfte in der Familie um das letzte Wort
hatte als Angestellter Erfolg
erzog seine Kinder falsch mit Erfolg

trank gern
lachte gern
sah fern
wurde immer gemäßigter
wenn er betrunken war
schämte er sich seiner Tränen nicht
er protestierte mit einer Herzattacke
gegen die Frühschwangerschaft der Töchter
aber was dabei herauskam
das drückte er an sein Herz.
Er stritt mit ihr wer wen überlebe
sie gab ihm unrecht als sie starb.

Donnerstag, fünfzehnter Juli

Es ist schon wieder Donnerstag und
ich bin noch immer vorsichtig
weil ich meine Gefühle behalten will
    Am schwierigsten ist es etwas zu sagen
von dem man sich nicht trennen will
    alle vergessenen Tonfilme
        alle verlorenen Fenster
die ruhen sollten bis eines Tages
    DAS MÄRCHEN UNSERES LEBENS ...
wenn du mich siehst
                siehst du
        was ein freier Wille wert ist.
                        Ein Mann
aus der Nachbarschaft überquerte
die Kreuzung bei Rot und wurde getötet
es war so ein dummer Moment
einen Blick lang oder
einen Schluck Kaffee lang oder
einen Schritt lang
bei dem der Lastwagen ihn erwischte
    und wenn ich meiner Vorstellung nachgebe
war es so etwas wie eine große Hand
    die ihn herunterwischte von der Erde
oder eine Schaufel
    die seine Erinnerung wegkratzte.

Wir haben es nicht in der Hand
    das Märchen im Kopf.
Gestern war ich mit dir
an der Kaisereiche verabredet

wir waren pünktlich
und der Bus war pünktlich
und es ist
DONNERSTAG und gestern sagte ich hallo
wir gingen aufeinander zu
und packten uns nach mehreren Monaten.
Vieles von dem was wir dann wollten
traf ein
aber du hast mich geärgert weil
du dich wieder in der Gesellschaft versteckt hast.
So hast du mich
zum Schweigen gebracht.
Ich liebe nicht die Gesellschaft aber dich
Ich liebe genug für einen
und vielleicht liebe ich auch nicht genug für einen
ich liebe es auch mich zu verändern aber
du mußt in Kauf nehmen daß ich dabei verschwinde
oder kleiner werde
oder dich nie wiedersehe

Jetzt muß ich lernen
was ich verlernt habe
es ist halb acht das muß ich lernen
die Nerven und das System wieder auf Traum vorbereiten.
Diese Anstrengung
wenn er schon einmal
ausgeträumt war und alle Farben umgesetzt in alternde
Grauwerte
also muß ich lernen das Licht anzumachen
in den „aufrechten Gang“ zu springen.
Es sieht so aus als müßte ich ganz zurück
noch einmal
von vorn

und dann neugeboren voller Liebe zu mir
zu spät kommen zu Mahlzeiten und Entscheidungen
    ganz andere Fehler machen
Worte aus purem Fleisch
unberechenbare Erschütterungen von Kunst und Leben
Worte in Dinge verwandeln REVOLUTION DES BROTES
    Ich werde da sein wo meine Sachen sind
sachliche Schuhe für Ortswechsel
                                        Hüte für
verbissenes Auflachen unter Hutkrempen
                                        eine Anwesenheitsliste
im Gedicht
ungedeckt singen in der Hitze der Werkhallen
und dabei verheerend auf die Ausgänge deuten ...

    Vorhin rief Piwitt an
nachdem ich mir vom letzten Geld hundert Blatt
weiß und weltweit gekauft hatte
    wie Haufs kommt er wieder nach Berlin
und ich kann mir nicht vorstellen daß sie
nicht meinetwegen kommen
ich will sie nicht sehen aber ich freue mich
daß wir uns wieder gut verstehen werden
weiß und weltweit in den Gesprächen die Hauptwerke sind.
    Heute morgen kam mir wieder jedes Wort
weiß und leicht vor verglichen mit der Materie
die unter großem Druck weniger wird
bis sie nicht mehr da ist
                                und dieses Bier ist kalt
so wie du weit weg bist
    dabei fällt mir ein daß ich heute eigentlich
DAS AUGE DES ENTDECKERS schreiben wollte
    für das Auge des Entdeckers sind wir doch mehr

als nur wir selber
unsere Körper sind geformt von allen Formen
wir haben die Form von Dingen
unser Elend ist das Elend der neuen Dinge
unsere Vorstellungen sind Vorstellungen.
Ich frage mich jetzt ob ich Angst habe vor
PARADIES II
ich frage mich ob ich Angst habe vor
dem großen langsamen umhergehenden Blick
auf mein Leben und dein Leben und das Leben
ich frage mich nicht ich rauche diese
Zigarette hier am 15. Juli Donnerstag und
ich frage mich nach dir.
Heute dürfte nicht der 15. Juli sein
um damit anzufangen.
Gerechtigkeit gab es schon immer ich meine
das Wort. Welch eine Zumutung wie alles einen Platz hat
und wie jeder sein Bett findet
und wie die Würde genau den Würdenträger trifft
und das Geld genau den Geldsack.
Stellt die Uhren falsch ihr traurigen Abonnenten
stellt sie richtig stellt euch Jesus vor als
HANS IM GLÜCK der sich hinter jedem Busch erleichtert
und nachher mit einer neuen Philosophie herauskommt.
Morgen früh muß der Blick auf ein Licht fallen
das uns zeigt was Rot ist und Blau und Gelb
und wer du bist auf dem Schiff
das da hinaufschwimmt und tutet.

Im Innern der Gedichte

Du kannst nicht davon leben
    mit der Wirklichkeit zu konkurrieren
noch kannst du von der Wirklichkeit leben
aber du kannst einen Eingriff überleben
    und alles zurück kriegen
    und durch Das Leben gehen
    durch schnell verfallende Bilder
das warst du
    du und Das Werdende Leben
Personen keuchend unter ihren Grabsteinen
            Mit einer ungeheuren Anstrengung
    von dir und allen Vorfahren
    blendest du dich aus
Land und Wasser sind geblieben
der Himmel ist geblieben
    und du bist geblieben
du hast dich auf nichts einzurichten
kleine Sonnen erleuchten deine Demokratie Und
du wählst das Leben und den Tod
du hast viele Schöne Stimmen
du bist Viele
deine Haut ist deine Haut Und endlich
    nichts als Haut
du bist der Unternehmer des Lebens
    der Veranstalter weißer Erscheinungen
du bist der RaumMensch im Freien
    der Autor des Laufs der Geschichte
du bist imstande Zeit zu drucken wie Bücher
du wiegst und siebst und liebst Und im Wind
    wehen die Ruinen der Diktatmaschinen

die Unvernunft steht in voller Blüte
du bist die Blüte und die Unvernunft
du bist Tag und Nacht bei Tag und Nacht
du bist der Mörder
    kreisend in der eigenen Blutbahn
du bist Vater und Sohn
du bist der ausgeschlachtete Indianer
    und der registrierte Indianer
du bist alle Farben und Rassen
du bist die Witwen und Waisen
du bist die Rebellion der Gefangenen
du bist Geheul ohne Aufenthalt
    Messerwürfe Schüsse
du bist der phantastische Sportler der TraumMeilen
    der Bildersturm im Haupt der Demokratie
du bist der Sprengmeister aller Ketten
du bist die geheim leuchtende Parole
    die Banderole
    die Avantgarde der FreiKüchen
du bist Mensch Und
    Tier wenn es den Tod fühlt
du bist allein und du bist Alle
du bist dein Tod und du bist der Große Wunsch
du bist der Plan den du ausbreitest Und
du bist dein Tod

Fahndungsblatt

Gesucht wird ICH
Alter unbestimmt
Ich nenne mich je nach Umgebung: Carlos Kalle
    Karl Carlo Charly Charles Karel oder Günther
in Unterweltkreisen auch kurz Kurt
Mein Gesicht ist oval bis rund
meine Augen sind von einer Sonnenbrille bedeckt
    sonst graublau
Ich trug zuletzt einen braunen Anzug
Als besonderes Kennzeichen ist meine Nase
    seitwärts gebogen
Man kann mich daran erkennen daß ich das CH
    wie ein SCH spreche
Gelegentlich täusche ich meine Umgebung indem ich
    das rechte oder linke Bein nachziehe
In meiner Begleitung befindet sich eine Dame
    mit häufig wechselnder Haarfarbe
Zuletzt bin ich auf dem Bielefelder Hauptbahnhof
    gesehen worden
Ich fahre wahrscheinlich einen hellblauen VW
    mit dem Kennzeichen DIN A4
    den ich wahrscheinlich gestohlen habe
Dieser kleine rote Kamm wurde an einem Ort gefunden
    an dem ich mich früher aufgehalten haben soll
Ich habe eine chronische Krankheit und muß
    von Zeit zu Zeit eine Apotheke aufsuchen
Ich werde wegen eines anderen Deliktes
    auch in Österreich gesucht
Ich schieße sofort

Geschichte

Wenn ich ausgeschlafen habe
erblicke ich das Licht der Welt
der Körper fängt an sich zu bewegen
wie nach einem Punkt
der etwas länger dauerte als eine Nacht.
Das Zimmer taucht aus dem Dunkel auf
wie eine nasse Galeere
    mit Stuhl und Messingbeschlägen
    und schiefen Schranktüren.
Die Lufthülle blinkt ich setze mich auf
    und gerate in den Spiegel
vereinige alles Licht in meinen Augen
das Gesicht macht sich zurecht aus der Erinnerung
    an gestern
zieht genaue Falten
    und setzt ein Lächeln zusammen.
Für einen Augenblick erkenne ich mich
so wie der Schrank sich erkennen könnte
oder der Stuhl über dem meine Hose hängt
    bis ich dazwischentrete als Menschheit
    und mit viel Krach den Tag anfange.
Ich rieche den Geruch der Zigarettenasche
und weiß sofort wie Zigarettenasche riecht.
Ich sitze auf dem Bettrand und betrachte
    die Spuren der Geschichte zwischen den Zehen
und langsam richtet die Geschichte mein Glied auf
und langsam weiß ich wozu es Büroklammern gibt
ich putze mir die Nase ohne es gelernt zu haben
taste mich ab und nehme Wäsche aus dem Schrank
    feingewirkte Wahrheiten

Hemd Handtuch Socken
ich brauche meinen Namen nicht zu sagen
denn ich kenne ihn ohne ihn zu sagen
ich weiß meine Adresse in der Weltgeschichte.
Die S-förmige Türklinke der grüne Bodenbelag
alles erinnert an mich und ohne Unsicherheit
ziehe ich mich an und bin angezogen
kämme mich wie gestern mit dem selbstverständlichen
    Kamm
werde langsam wieder DER EINZELNE
    wie schon einmal
der gegrüßt wird und alles Licht
    auf sich vereinigt.
Ich bin es. Ich bin es immer gewesen.
Der mit Wohnungsschlüsseln spielt
    und selbstverständlich an ein Frühstück denkt
    in der Geschichte
und Briefe schreibt an die Zukunft.

Naturgedicht

Welcher Schmerz zu fließen
welche Kälte mit dem Feind allein zu sein
welch eine Aufgabe Stickstoff in die Wälder zu blasen!
Das stille Wirken des Blattgrüns im grünen Salat
das lärmende Wirken des grünen Salats in uns.
Ist der Löwenzahn aus unserem Leben verschwunden
der Huflattich die Grasharfe?
Was verspricht das angelegte Ohr des Pferdes
was bedeuten die Schmerzen in den Armen der Putzfrau
deren Welt seit zwanzig Jahren im Eimer liegt?
Warum ist die Nelke eine so dumme Blume
so zackig gehäkelt
und warum fang ich an zu tropfen wenn ich Tulpen sehe?
Was sagt mir die Schwalbe im Tiefflug?
Wer beißt wenn der Hund des Nachbarn knurrt
er oder ich oder der Nachbar?
Was bedeutet es wenn ich von einem Unbekannten
einen Tip bekomme und eilig das Haus verlasse?
Wenn die Brauen meines Vaters über Nacht zusammen-
wachsen
und die Gesichtsnarbe des Abonnentenwerbers rot wird
wenn der Taxifahrer so lange in den Spiegel schaut
bis der Fahrgast verdächtig ist
und der Dachdecker dem Lehrling einen Tritt geben will
doch zu spät bemerkt daß er ins Leere tritt
wenn die Teenager im Teenagerclub die Augen verdrehen
nach der fünften Cola
wenn der Starfighter-Pilot in der Flugpause
einen langen Roman anfängt
wenn der Großaktionär in der Jägersuppe

einen Pferdefuß findet
und der Kassierer der Commerzbank
mit dem Haushaltsgeld seiner Frau verschwindet
nachdem er „Viva Zapata“ gesehen hat?
Die Ruhe vor dem Sturm
der Dorn im Auge
der Balken im Zimmermann
die heiße Liebe mit Siebzehn
die Schwurhand des Vermögensverwalters
Ebbe und Flut
Mini und Maxi
und der Beamte auf dem Sozialamt
der mit Handtuch und Seife das Büro verläßt
wenn dreißig Leute warten?
Das Montagsauto der umgekippte See
die ungewöhnliche Art in der sich in der Hand
des Arbeitnehmers Vermögen bildet
die da oben
die da unten
die Talsohle
die Gratwanderung?

Wenn ich dich liebe schneit es auf der Erde
und wenn du mich mit meinem besten Freund verläßt
dann ist es Frühling
und wenn du völlig mittellos zurückkehrst
ist es Herbst.
Wenn mir keiner etwas umsonst gibt
habe ich dann Geld?
Und welchen Sinn hat es als Toter ein Buch über Archäologie
unterm Kopfkissen zu haben?
Wenn es wahr ist daß Kriege sein müssen
ist es dann noch wichtig daran teilzunehmen?

Ist es realistisch wenn Mann und Frau
    nach der Hochzeit beschließen zusammenzuleben?
Wenn sie ihm ein Jahr später ihre Aussteuer
an den Kopf wirft und er ihr
    seinen Wortschatz
und wenn der Fensterputzer oben am IBM-Hochhaus
in den Bann der Lochkarten gerät
aber doch seinem Selbsterhaltungstrieb folgt
    und im letzten Augenblick abspringt?
Was bedeutet es daß ich Gedichte mache
    und daß du lauter Geschichten machst?

Rechnung für Zimmer 11

Die gute Erde verglüht ganz schnell
        wir trinken kalte Sachen
und alles krümmt sich an der Oberfläche
        wir schreiben ein paar Ansichtskarten
das letzte Frühstück
                                        EINMALIG!
eine Verbeugung des Personals mit durch-
schnittener Lebenserwartung
        ein Ruf
                ein Knall
                        ein eisiger Pfiff
bitte die Rechnung für Zimmer 11

Wenn ich jetzt ganz leer bin
dann ist das die Rache der Wirklichkeit*
die ganze Nacht
hatte ich den Kopf draußen in der ganzen Nacht
im pinkelnden und fiependen Geflüster
        der Einbrecher und der Programmierer des Morgen
und mein Fleisch vibrierte auf der Fensterbank
        von Ansagen und Sinatra-Stimmen
während Amerika sich frisierte
        für die Vergeltung in der Pufferzone
Es hat schon verloren
und meine Freunde in Michigan Texas Iowa
        haben mitverloren
und wir haben mitverloren
auch du junge „Revolution" im Feinkostladen Berlin
auch du Gelage der Literaturgesellschaft
        der Dritten Programme
die findigen Tombolafinger der Bundesklassenlotterie
unsere wählende Vernunft im Kampf gegen die Umwelt
        mitverloren
und die Staatsschaffner haben verloren
        sie wissen es
und ihr Wissen ist unsere Reservation
Warum lassen wir sie nicht veröden
diese Prospekt-Atrappen zu Robotern

* (ich habe mich wieder weit
hinaustreiben lassen in die Vorstellung
einer weltweiten Machtlosigkeit,
in der des einen Vorteil
nicht des anderen Nachteil ist)

die sich selbst zerstören sobald Macht
in ihre Gelenke geht?
Warum hören wir nicht auf zu reagieren
warum stellen wir nicht Vorstellungen her
in denen sie nicht mehr vorkommen?
Warum lassen wir sie nicht als Organisationskörper
unser Leben organisieren?
Macht ist da
weil auch wir Macht im Auge haben
Sie sind nicht wahr
sie sind nicht wirklich
sie sind nur die Wirklichkeit von der sie reden
und der wir gehorchen
und mit ihren Reden von Recht und Gleichheit
beschwichtigen sie Afterhöhle Lobby
und die einzige Wahrheit die sie haben
ihren Tod
Wo haben sie ihre Hände wo ihre Bäuche
was ist darin los?
Sie haben ihre Körper vergessen
sie haben sich in der Geschichte liegenlassen
Wo die Geschichte aufhört
hören sie auf
und wo sie aufhören fängt die Zukunft an

Einfach dasein

Hier überall
sehen wir uns beim Leben zu
und sind einfach da
oder hängen in einem Rahmen
was auch ziemlich einfach ist
‚leben' ist auch so ein Wort
das sich langsam dreht
als wäre wirklich alles ganz einfach
und es ist einfach
ein ganzes Stück Welt in sich zu spüren
oder eine Mondhälfte
oder eine halbe Flasche Wodka
und das „Unternehmen Rote Harfe"
an die Amerikaner zu verraten
für etwas Geld für Teneriffa
und eine einfache Einladung einfach anzunehmen
und in ein paar Leute hineinzugehen
rein und raus bis es ganz schön wird
und es ist einfach
in der letzten Reihe dem Gesang der Neurosen zu lauschen
noch in der Umzingelung lange Zärtlichkeiten zu tauschen
wenn das Publikum erregt zur Flucht rät.
Der Bettgedanke der letzten Nacht ist einfach
einfach wie ich: Kunst heißt
das Leben mit Präzision verfehlen!
Es ist auch einfach Kunst mit Präzision zu verfehlen.
Während ich rauche und meine Gräber betrachte
weiß ich: es ist verfehlt.
Das veranlaßt mich neu anzufangen
ein trügerischer Anfang aber einfach.

Sachen die nicht zu halten sind

Wieder ist es Nacht wie in Nachtgedichten
mit Sternen oder einem kleinen Imbiß an der Bude
und die Augen des Entdeckers streunen
„Hast du auch die Tür abgeschlossen
und das Licht ausgeknipst?"
Dann kann ich Gas geben und sie fällt
weich gegen die Rückenlehne und denkt
sich wieder etwas aus bei dem sie die Hose
anbehalten kann und das Licht an und die Brille auf
vielleicht einen langen sternklaren Mantel.
Sieben oder acht kurze Klare schütteln
uns wieder auf
und das ist der Moment in dem sie noch nicht
nach Hause muß
jetzt klinken wir uns aus und das Kino fängt an
sternklar und wir schwingen mit durch die Ein-
stellungen und da hat sie wieder
zuviel nachgedacht heute abend
und die ganze schöne Übersicht ist weg und beinahe
die Kontrolle über das Auto das schon weit ist
weit in der morgendlichen sternklaren Enthaltsamkeit
wo das Leben weitergeht
knapp in Telefonnähe

Bilanz mit Zwischenfall

Amerika kostet mich
ein Jahr fünftausend Dollars und viele
        gute Worte auf deutsch
es ist ein so großes Land
        also warum nicht?
Die Häuser werden verladen
        die Möglichkeiten sind unbegrenzt
                die Wälder stehen leer
ich glaube
        der ganze Kontinent wird verladen
optimistisch hat sich ein gefeuerter
Top-Manager aufgehängt
        an einem weitausladenden Ast
an Wochenenden fahren die Wälder
        durch die Autos
das Land ist frisch eingesprüht
        für den größten Farbfilm aller Zeiten
und in der Wüste von Arizona
        wird der letzte Indianer verladen.
Ein Tier kommt auf mich zu als flüchtiger
        Eindruck
ein aufgeschnittener Truthahn wird ausgeladen
        ich werde eingeladen
er ist knusprig und zweifellos schöner
        brauner und knuspriger
                als zu Lebzeiten.
Nun wird er immer weniger
        wir beladen die Teller
                er wird verschwinden
bis zur großen Entladung im tiefsten Farn
        schöner   brauner   knuspriger

Gedicht

Es ist doch viel los an einem Tag wie heute
wieder schwere Verluste auf beiden Seiten
mein Kopf der träumt wird nicht abgeschlagen
das ist der Vorteil dieser Gegend
    in diesem Zimmer hier nur Seitenstiche
und von draußen ungefährliche Geräusche
    (wenn ich aufspringe ist nichts gewesen)
für jeden Atemzug von Mr. Nixon muß einer dran glauben
für jeden Schritt von Mr. Nixon muß einer dran glauben
während ich mich rasiere beseitigt er schon
seine frischen Fingerabdrücke und liest
die Kriegslyrik vom Tage
    es ist eine Lust jeden Tag zu sterben
und am Morgen wieder an seinem Platz zu stehen
    ich bin mit Strauß zugleich in New York gewesen
    (das war keine Verabredung)
wie in Manhattan bringt er überall
die Wienerwald-Hennen zu Fall und macht sie fett
fix und fertig für den Verzehr
    so vergeht ein großes Gefühl nach dem anderen
und die Natur bleibt gleichgültig
    einige Leute verschwinden nicht einfach oder
können die Schnauze nicht halten
andere Leute können nicht kommen
meine Freunde legen sich mit politischem Gesocks an
in kritischem Dialog womöglich
meine Tochter ist vier Monate alt
und wichtig für die Zukunft der Welt
sie hat erst wenig Haar und ich mag sie sehr
ich zeig ihr die Vögel am Himmel sie sieht sie nicht

es ist schön daß wir uns so ähnlich sind
die Taube auf dem Baum könnte ein Geier sein
und du und ich ganz braun
tagsüber müßten wir versteckt leben
nachts käme Nachschub an Waffen und Proviant
        sie weiß nicht daß sie das Kind eines deutschen
Prospektors ist
ich hoffe sie ist einverstanden
daß in diesem Gedicht nicht geschossen wird

Landschaft mit großem Auto

Mit so einem großen Auto müssen wir hindurch
tot oder lebendig
im Nacken eine Musik
die nie aufhört
süße Luft von Montana bittere Luft von Missouri
unsere Mäntel wehen als wären wir auf der Flucht
wir tanken voll
Hundefänger streunen
wir in den Seitenblicken der Cowboys
wir im spendablen Schatten eines Flugzeugs
wir außerhalb des Schußfeldes von Chicago
wir schütteln William Fulbright die Hand
wir geistern durch Arkansas
wir besuchen das Grab eines Dichters zu Lebzeiten
Grün rundum nur mit einem Stich ins Gelbe
die Demonstration rennt in die Flammen von Phoenix
Arizona rotbraun der Weltraum schwarz
wir sind ein Punkt der sich westwärts bewegt
wir sind nicht Amerikaner
gehören aber auch dazu
ein Sheriff zwingt uns zum Anhalten
nein wir haben keinen schwarzen Hitchhiker mitgenommen
wir sind keine Pferdediebe allerdings Deutsche
unsere Höflichkeit ist die Höflichkeit von Ausländern
wir werden schneller
wir meinen wir sausen
eingepackt in süße Luft
und in eine Musik die nie aufhört
altern wir ganz langsam
vielen Dank Pentagon
für diesen statistischen Verzögerungseffekt

Feriengedicht [Juli 1969]

Dieses Gedicht handelt von Ferien   Der Himmel
ist blau   das Meer blau
    bei uns geht es auch ziemlich normal zu
ein Tag ist schnell um (verfliegt) und was dann?
am besten macht man ein paar Fotos für hinterher
und geht schlafen
jeder gähnt noch einmal auf seine Art
manche am weitesten   dann GUTE NACHT!

Hinter den Häusern die Wüste
Wüste   Sonne   Durst
    ein Mann erschießt sein Pferd
amerikanisches Gelb aber ohne blaue Limousinen
hinter dem Horizont das Gleiche
dahinter noch einmal
                das Gleiche
Geröll   eine Bergkette
    hinter dem Horizont erschießt ein Mann sein Pferd
    das Gleiche
nichts liegt so falsch auf der Erde
wie die Beine von einem Pferd

die Zeit
        verdampft
                der Tag verfliegt
Armstrong gibt eine neue Position durch

unterdessen
rollen die Bälle weiter
ein paar Briefe zu schreiben wäre das Größte

hinten die Berge vorne das Meer
zwischen uns eine Meinungsverschiedenheit
dann ist es wieder still
immer noch nichts
„Blau
ist das Meer“

Es bleibt wie es ist
        die Rufe der Schwimmer
            bunte Plastiksachen
                alles flach
                    man kann weggehen und wiederkommen
                        blau ist das Meer
und wir sind so einen inneren Frieden nicht gewöhnt

Die Zeit vergeht wie im Fluge (verfliegt)
die Nacht ist hereingebrochen
so geht es immer
        wenn man mal an was anderes denkt
HÖRST DU DIE SÄNGERINNEN SINGEN?
        der Mond ist aufgegangen das Zimmer ist
            untergegangen
einer öffnet die Tür und macht sie leise
        hinter sich zu
nicht erschrecken es ist ICH
wir sind trocken und liegen nackt
das Nachtleben in den Ritzen der Jalousie
ein bleiches Wesen versucht eine Landung auf dir
die Landung glückt
es bumst und knallt noch ein paarmal
„dann ist es wieder still“

An der Seite der schönen Männer mit Absicht auch
die schönen Frauen
wir sitzen am Rande
ziemlich berührt
zwischen Farben und Gangarten ist ein ganz harter
Schnitt
am Brustansatz ist ein kleiner Pickel
kleines rotes
raffiniertes Signal daß alles nicht so gemeint ist
wir sind nicht unabhängig
essen aber gerade
Es steigt in das Schlauchboot zur Essenszeit
die nette Familie aus Düsseldorf
übt slawische Zischlaute

Der Mann
der sein Pferd erschossen hat
kann nicht ans Meer gelangen
(es ist
eine Dramaturgie ohne Meer)
obwohl der Weg nicht weit ist da hinunter
wo die schönen ZEOZON-braunen Körper liegen
von Yvonne Eva Nicole Manfred Christine Harry u. v. a.
und im Wasser der schöne Körper von Rainer
der immer winkt wenn er im Wasser ist und winkt
noch an diesem Abend wird er in den Klippen
eine Nummer schieben
mit einer großen Braunen aus Großbritannien

Ist heute der 20. oder 21. Juli 1969?

Armstrong: „Okay!“

Wir hatten im Bett noch ein ziemlich ernstes Gespräch
mit dem wir die ersten Regungen unter der Decke
abbliesen
        dann war das Brot trocken
                                        der Tee versüßt
            der Morgen
                        im Eimer
In der Badehose ist Sand
                                    eine unangenehme Vorstellung
        das ist alles

                                                    Es ist
noch nicht Mittag
ganz langsam geht ein Mann unter
Melone zum Frühstück Tee helles Brot
die Sonne ist hinterm Haus wir kauen
schwache Geräusche
und darüber schon feine Schweißperlen
eine seltene Empfindlichkeit
von der uns nichts ablenkt
der sanfte Griff nach dem Messer
das Ansetzen der Tasse mit dem Blick nach innen
jeder mit seiner vollen Last auf seinem Stuhl
keiner macht eine falsche Bewegung

        Diese Ferien handeln von diesem Gedicht
ich rauche DRAVAJUS. P 2
        wir haben unser Geld gezählt
die Miliz liegt im Schatten
        im Hof eingemauert (wie eingemauert)
das Flattern eines Hubschraubers
Um Mitternacht wird das Haus abgeschlossen
gestern fehlte Heidi (18) aus Kleve

heute erscheint sie unerwartet zum Frühstück
äußerlich hat sie kaum etwas abgekriegt
wir drücken ihr die Daumen und hoffen alle sehr
daß sie auch innerlich noch die alte ist
                                        Blau ist
                                        Das Meer

Ich gehe geradeaus
mein Haar ist heller geworden
ich öffne alle Knöpfe
ich kaufe Rasierklingen
ich putze die Sonnenbrille
ich rauche gehe spreche
das ist mir alles zu wenig
                            Welche Rolle spielt
    der Tod in diesem Gedicht?
        DER TOD IM GEDICHT
jeder ist mit seiner Arbeit beschäftigt
    darum nicht mit dem Tod
jeder hält in seiner Arbeit
    freundliche Gedanken an sich selbst versteckt
vielleicht ist Eigenliebe die vollkommenste
    leider nicht durchzuhalten
ein Blick aus dem Fenster genügt und du schlägst
    einem der dich plötzlich interessiert
        die Faust hinein
NACH DEM KRITISCHEN MANÖVER
BEIFALL IN HOUSTON
                                    Ein Mann
mit dem Rücken gegen einen Baum gelehnt
in der Dunkelheit geht sein Gesicht auf
er weiß jetzt alles
Minuten hängen davon ab wie lange
seine Hände noch den Unterleib zusammenhalten

Koppelschloß und Knöpfe blinken
bis er aufs Gesicht fällt
die Lichter gehen aus die Sterne drehen ab
das Banner gefriert im „Meer der Ruhe“

TOTE SEHEN DICH AN

34 Grad
Mensch sag mir wo kommt das Wasser her
        wir leben doch
                            im Liegen
Neue Wellen
                       rollen heran
                                            warm und salzig
unsere Augenschatten bleiben weiß zurück

Wolken und Autohupen
Wolkenumrisse Fliegenklatschen Deckenfalten
Luftmatratzen
                        flappen
                                     Luft strömt aus
vergebens ein halber Badetag vergebens
die Farben dunkeln alle
Gesichter ab
Hupen

                aber die schöne Vegetation die schönen
wilden Früchte „ernste Pinien“ (Ernst Meister)
und davor schon wieder
ein ganzer Breitwandfilm sich ausziehender Mädchen
Flirren überm Sand
die Schatten
gebückte Körper im Gegenlicht

Schemen zärtlich geschwenkter Höschen
und hinter den Kabinen und Bretterverschlägen
die Masse hungriger Regisseure

Wir sind
                    noch da
oft tauchen wir
                                   überraschend auf
die Düsseldorfer sind gestern abgereist
                                                                                          immer noch
denken wir im Süden an die Zukunft
du kannst dich verlassen auf mich
           andrerseits nicht

wir sehen zu daß wir beschäftigt sind
wenn wir zusammen sind

Wahre Begebenheit I

Da sitze ich im Suff am frühen Morgen
bei Kerzenlicht einer Tasse Kaffee
und einer alten Graubrotschnitte
    den Kopf noch voller Leute von gestern
abend
    mit ihren geliebten Gesichtern
    und ihren verirrten Stimmen
den schönen weiblichen Menschen
    die immer ein Stück weitersehen
und der liebebedürftige Funktionär der SEW
    im achten Monat
und die pendelnden Klotüren die den Geruch
    süßlicher Pisse hereinfächern
alle schönen solidarischen Füße unterm Tisch
    die Abdrücke hinterlassen möchten
der Altmöbelhändler der Nachlässe kauft
    und sich nachlässig unter Studenten mischt
die Kellnerin die nicht nachkommt
    und auch schon zum zweitenmal verheiratet ist
und der Busfahrer der abseits steht
    und seit vielen Jahren seine Gefühle für sich behält
alle wollen sie auffliegen
    hier ist die große Nachfrage
    und das lächerliche Angebot
die Jahre sausen durch die Kalender und wir
    sind die Kalender – so abgerissen
und wir sind ein Stück vom Glück und wir
    sind gefragt:
Wer wollte hier alles ein Bier?

Wahre Begebenheit II

Und wieder sitze ich im Suff am frühen Morgen
wie in der wahren Begebenheit I
bei Kerzenlicht und einer Tasse Kaffee
und greife als wäre ich schon „der neue Mensch“
nach einer alten Graubrotschnitte
        da klingelt es und herein kommt
ein Begeisterter
als wäre er ein Gymnastiker
der sofort hallo ruft
und vor innerer Freude
gar nicht richtig auf den Stuhl kommt.
Seinen jüngsten Erfolg verrät er mir nicht
um ihn mir dann doch zu verraten.
Es geht um eine längere Geschichte
in der Geld vorkommt und er selbst
        mit vollem Namenszug
und ein eisiges „mit mir nicht“.
        Fünf Jahre später soll er
bei einem Unfall halb umgekommen sein.
Ich weiß nicht, was er jetzt macht.
Jedenfalls schien er damals
aus Braunschweig zu stammen.

Nachspiel zu WAHRE BEGEBENHEIT (II)

„*Wie findest du* WAHRE BEGEBENHEIT (II)?“

„Ich weiß nicht.“

„Trotzdem.“

„Im Augenblick fühl ich mich hilflos.“

„Na?“

„Ja, also der Verkehrsunfall
der scheint ja wohl der Angelpunkt zu sein.“

„Angelpunkt? Was Angelpunkt?“

„Ja, ich meine man kann auch davon absehen.“

Glücklicher Versuch

Mich von meinem Leiden zu befreien
würde bedeuten mich von mir zu befreien
aber sind Leiden nicht auch schön
und bin ich nicht auch schön?
Es ist wahr daß auf der Erde schwer zu leben ist
doch ist sie sehr belebt
und es ist auch wahr daß ich regiert werde
während ich deine Füße betrachte
aber ich habe Macht über meinen Stuhl
das heißt ich sitze
und du hast Macht über mich
das heißt dein Anruf genügt.
Bin ich arm genug
daß die Nachgeborenen mich lieben
oder so arm daß sie mich verachten?
Heute wollen wir einmal nicht hinauskommen
über dieses Frühstück am Samstagmorgen
auf dem sonnigen Balkon der jetzt die Welt ist
über dieses wahrhaft diebische Frühstück
das zugleich der Anfang vom Frühling ist.
Wir sind so etwas wie glücklich
mit unserem schwarzen Kaffee
und mit den goldenen Mohnhörnchen und der grünen
Marmelade die ein wenig summt von Leben und Tod
und mit all dem was an uns glücklich ist
wie Spielzeug in ganz kleinen Händen
unter den blauen blauen Bademänteln
und der Gedanke an den Tod ist
ein übermütiger Gedanke
und ein anderer Gedanke sind unsere grünen

summenden Marmeladenfinger
unter den blauen summenden Mänteln
und unter dem blauen blauen Himmel
und die Wahrheit ist daß wir allein sind
auf dem Balkon und auf der Welt
und die Wahrheit ist
daß das Parlament Ferien hat
und die Wahrheit ist daß wir dieses Glück
lernen mußten
und alle anderen Gefühle auch
und den Schmerz auch tief in den unteren Schichten.
Das Frühstück ist gekauft
und das Glück ist gekauft
wir haben kein schlechtes Gewissen weil die Straße
durch das neue Grün führt
und wir sind endlich soweit es fühlen zu können
wie jeden Augenblick gequält und gestorben wird
und wir sind soweit jeden Augenblick
gequält zu werden und zu sterben
wir sehen uns in der Qual eines sonnigen Frühstücks
und wir sehen uns glücklich
im Gesumme
und im Geschwirr der kleinen Vögel unter dem blauen
Bademantel
und du holst mir einen runter und schenkst ihn mir.

Abschied fürs Leben
und Abschied für den Tod

Wie todernst ist dieses Kommen und Gehen
auf Leitern Stiegen
wenn einer sich abwendet und tatsächlich
mit einem Wort geht
wie leer ist dann die Straße
wie verlassen der Verlassene
und wie atemlos und ängstlich verfolge ich
die Flucht und die Jagd über Dächer
an jedem Gefühl vorbei
und wie bewundre ich von fern Leute
die sich verabschieden mit einem Spaß
und sich voller Angst umarmen
doch dann ist der Abschied nur
eine Hand
eine Träne auf dem Bahnsteig
ein Ölfleck auf dem Parkplatz
und wirklich gibt es Leute die auch woanders
am Leben bleiben
und Leute ohne Wiederkehr
und es gibt Abschiede wie durchwühlte Betten
und Abschiede wie vergessene Zahnbürsten
Abschiede hinaus an die Luft
Abschiede auf die Reise
und auch deinen sanften Abschied von mir
und meinen heiseren Abschied von dir
Aber es ist weder sanft noch heiser
auf dem Bahnhof zu winken
und kräftig geschüttelte Hände bedeuten
längere Reisen.

Hinter deinen Augen ist mir alles fremd
denn du bist Kolumbianer (was aber nicht der Grund ist).
Ich gebe meinem Vater diese Hand
keiner will ihm mehr sagen daß er mir
wie aus dem Gesicht geschnitten ist
(ich sage es ihm hier)
hörst du mich Vater!
wo sind deine starken Arme
sind sie von dir weit weggewachsen
oder hast du sie nur vergessen in den vielen
Lebensläufen die du schreiben mußtest?
Auf Wiedersehn!
Und auf Wiedersehen Onkel Heinrich
Bruder meines Vaters der immer gerade aufstand
von seinem braunen vollen Schreibtisch
auf Wiedersehn alte Weide vor meinem Fenster 1960
über die ich mein erstes Gedicht machte
weil sie matt über die Scheiben wischte
und mich immer an etwas erinnerte ...
Hier erfaßt mich Schwindel
denn fast bin ich schon allein
mit dem verrücktgewordenen Bleistift
den ich bei Luchterhands geklaut habe
um Röhler zu bestrafen
der ein Gedicht von mir larmoyant fand.
Lieber armer Röhler
auch larmoyant kannst du nicht sein
auf Wiedersehn dann bis zum nächsten Bleistift
auf Wiedersehn auch Piwitt in Rom
der die ausgepreßten Genies sakraler Malerei
noch einmal begräbt
und Buch der einer der wenigen ist denen man
Geld leihen kann und denen sein Übergewicht
nichts ausmacht

auf Wiedersehn Mutter in den Nachkriegsjahren
die mit ihren guten Händen Preisschilder vertauschte
auf Wiedersehen Günter Grass der wie ein Tier arbeitet
aber sonst eigentlich nicht viel macht
(vielleicht muß er weil wir alle es so wollen)
auf Wiedersehn erste Frau
guten Morgen zweite Frau
auf Wiedersehn du alter Dichter in mir
der immer Sprüche macht wie:
ERST DER SOZIALISMUS BRINGT
INDIVIDUALISMUS
was ein bißchen spät wäre für meine Beine
die nicht mehr aufhören können zu traben
auf Wiedersehn Anna Karin Marianne Gisela
Barbara Margret Peter
Abschiede sind todernst geblieben
und es ist noch nicht sicher daß Abschiede
überhaupt gebraucht werden
es wäre schöner einfach wegzugehen
und einfach wiederzukommen
und ich würde mich freuen wenn dieses Gedicht
beim Wiedersehn etwa von der Mitte an
ziemlich heiter wäre
was es tatsächlich auch ist.

Das Verschwinden aller im Tod eines einzelnen

Mache ich mich mit zu großer Hand?
lebe ich zu sehr aus der überfüllten Luft
und brauche ich zu viele andere
und schneide ich das Wort ab dem
    der es braucht
und lasse ich es hell und dunkel werden
    in die eigene Tasche?
Ich weiß nicht wie weit die Zukunft
    mir voraus ist
und wie weit ich mir voraus bin.
Ich stehe in der Erde und wann immer ich abhebe
    schlage ich hart wieder auf.
Hier ist mein Fuß der seine eigene
Wirklichkeit hat und seine eigene
    Ewigkeit
Fuß du wirst mich verlieren
du wirst bekümmert auftreten
    und dann stehenbleiben wie ein Schuh.
Gestern hatten wir eine Tagesschau voll
    von Toten
und ein Amerikanisch/Deutsch-Wörterbuch lag
    aufgeschlagen auf dem Tisch
und ich lag zugeklappt auf der Couch
während ein verbrecherischer Kommentar
    mich segnete
und meine Verbrecherohren spitzte.
Sie packten die Toten bei den Fußgelenken
    und schleiften sie zu einem Sammelplatz
die Befehle hatten die Körper verlassen
    und es ging auf dreiundzwanzig Uhr.

Ich trank Kaffee und war noch derselbe
        ich war nicht mehr derselbe
Ja vorgestern muß ich auf dir gelegen haben
als jeder andere persönlich starb
        aus der Welt fiel durch die Welt hindurch
mit nur noch einem Gefühl einem Wort
einem gewöhnlichen Bild
        das sich auflöste
und mit uns allen verschwand.

Das Erscheinen eines jeden in der Menge

Ist es eine Wohltat allein zu sein
im Gelage der Gedanken ohne Augenzeugen
ohne das Auge des Entdeckers das sieht wie's schmeckt
ohne das geübte Ohr der Menge?
Was ist eine Tatsache wert die unteilbar ist
was ist ein Universum ohne dein Beben
ohne dein Erscheinen vor leeren Sitzreihen?

Die Menge geht auf der Erde
und nichts vergeht in der Menge
auf den Rücken summender Webstühle
erreichen wir den großen Widerspruch:
das Erscheinen eines jeden in der Menge

Horror, Dienstag

Die ruhenden
flüchtig überteerten Straßenbahnschienen –
wieder ein Warten auf alte Zeiten
wie Rückkehr zum Handschriftlichen

Plötzlicher Regen, es ist Nachmittag
nur wenig Licht gesammelt in Gesichtern
nieselnde Gräue, die Felder nah
dunkle Wassergräben, Bäume stehen tief

Nasser Kragen nasse Lippen
Kind mit nassen Zöpfen führt alten Mann

Zementsilos neben dem Abstellgleis
Vogelschwärme Banner sinken
Verkäuferin winkt durch die Glaswand ab

Neuer Stadtrand flackert auf um sechs
ich denke an fern ausgesetzte „Insel des Gehirns“

Baukräne, zementhelle Öde
Blick in die aufsteigende Welt
die nun doch nicht überlebt hat

Keiner für sich, alle für niemand

Wie es mir vorkommt das kahle Licht
in dem ich still, eingesunken, weiteratme
– geräumter Saal, Stühle auf den Tischen
ich war nie so zufällig

Im Treppenflur weht die Zeitung auf
ich fühle mich auf einem Schiff, das Messing
blinkt, und schöne Handschrift in Kontoren.
Der Schmerz ist dünn geschliffen bis die Welt
erfährt. Die Welt erfährt nicht

Die Erde wiederholte sich, ich glaube du und ich
wir sind jetzt kaltgestellt, Vorfahren von nichts.
Vertraute Wege sind weg
in irgendwelchen Zielen abgefangen

Abgefangene Nachrichten, scheinbares Leben
Datenungeheuer werden gesucht.
Gute Not, ihr Fehlen macht mich kopflos
überall verlangt das stille Geld zu arbeiten

Vom Fenster aus seh ich die Menge
eingehn in die Hallen, in die rieselnde Maschine
geplünderte Gesichter, der Morgen leergemacht
keiner mehr für sich, alle für niemand

Deine Schuhe stehen aufgeweicht neben dir
du bist so fest in deinem Gefühl zu mir, daß es
zu viel für mich ist,
die Ernte leuchtet, Prunkzeug der Wissenschaft
die Welt gesehen, durchschaut was nicht dahinter

Sonne da, gesiebt das Land von dir zu mir
so schön du bist von allem abgetrieben
wir können uns nicht treffen in den Zimmern
noch hier im Park der gefegt ist

Boulevard Reaumur/Sebastopol

Es regnete dort, länger, heftiger, ein Splittern
der Zusammenbruch von allem Wasser
so daß jeder zusah wo er geblieben –
da lag verzagt nasse Hand auf dem Tisch

Alles trieb, ich freute mich auf einmal
und wollte nicht *warum* wissen. Es schwamm
viel mehr als bloß Unrat an Rinnsteinen entlang.
Die Wesen hingen schief, wie ausgeklinkt
über den Tischen, verstohlen vor Scham
allein zu sein

Ein Garten, dachte ich, Klappstühle, Steine
es regnet einfach. *Zuhause* –
so weit konnte ich nicht denken

Glanz, dunkle Spiegelungen, nasse Zigarette
– warum sah ich die Keime neuer Jahre nicht?
Das Pariser Glänzen – ist denn die Geschichte
der Wirklichkeit versiegelt, so daß wir gleiten
unbekannte Frau und ich? Und auf dem Glanz
    wüchse Nichts?
Hinzusehen ist Gebrechen. Gefühle weiß ich nur.
Ich glaube, in dem Moment war alle Herrlichkeit
    durchschaut. Was ich sah, war nichts im Grunde
eben Reaumur/Sebastopol

Rote Stiefel bis da oben hin
der Mund verrutscht im Gesicht
die Schirme tropften deutlich auf den Boden

wie Seide flossen die Fensterscheiben.
Bücher Bücher neben heißem Tee,
der Raum trieb ab in Gesprächen über alles

Eine Glühbirne knallte durch, mit einem Ruck
    Erstaunen, daß die Straße wieder vorbeiführte.
Mußte ich das so sehen? Zwischen den Fingern
neue Zigarette. Ein überschwemmter Afrikaner
in weißen Turnschuhen schlug sich die Zeitung
    auf die Schenkel. Die Mäntel rochen bitter
nach verbranntem Kabel
Schwergewordenes Licht, wie schwer auch
    das Leichtlebige.
Ich sehne mich nach allem was ich nicht erlebt
ich sehne mich nach meiner Liebe.
Süßer Abschaum, Unfallspuren in den Straßenflüssen
dunkel glühende Leuchtschriften.
Vor Anstrengung zu weinen geht hier nicht
auch „kämpfen oder umfallen" geht hier nicht

Die Handlung draußen war weggeschwommen.
Ist das wahr, was ich gesehen habe, daß die Autos
    auf den Rücken schwammen mit weißen Bäuchen?
Cremefarbene Lackmäntel wischten vorbei an Vitrinen.
Wie Leute weitergingen mit Zeitung und Brot
in Spiegel schauten und sich das Besinnen verziehn
– ausgewechselt alle, spurlos, und da schwankten
    wieder heiter im Gedränge Autoantennen

Liebesgedicht

Friede dem Frieden
und der Nacht über deinem Haus
Friede dem Stahl den sie weiterdrehen im Fleisch
        seit meiner gefährlichen Geburt
Friede dem Licht, schwarz gefleckt um den Blinden
        wie Untergang.
Ich, einer wie alle, verletzt von Angst
komme täglich unverletzt
        aus dem Kugelhagel heraus.
Die Dürre tötet nicht meine Kinder
aber bald sind sie todkrank von Nachrichten
        vergiftet
und tödlich gekränkt weil ihre Brüder Henker wurden
        ihre Schwestern Huren.

Die Bäume täuschend grün in meiner Straße
der Briefträger taubenblau wie eine alte Postkarte
    mit freundlichen Grüßen
und ein Klingen von Porzellan in den Hinterhöfen

Es ist Frühling, schlanker Trompetenjubel
        des Brandenburgischen Konzerts
der Kaffeeduft steht still vor unserm Fenster
am Mantelhaken bleiben Husten und Schwermut
und im Park sind fremde Wesen gelandet
        in Kinderwagen auf den grünen Rasenflächen
ein schönes Stück Machtwechsel

Hier wächst der Anden-Kaktus, die Felsen sind
blinde Säcke aus Stein, unbarmherzige Statuen
        die das Tal bewachen.

Aber ein Mann kam der schlug Milch heraus
tägliche Milch, ein gewöhnliches Wunder
    ein Kuß
in Zeitungen ausgetrocknet zur Zote.

Höllisches Raubzeug – ja. Neruda. Skorpione
Satrapen, zur Liebe unfähig und zum Tod
den Stahl drehen sie weiter, den Schleifstein
die Garotte, Lanzen Messer weiter
    gegen Uhrzeigerrichtung.

Wie kann da einer wie ich
den ruhigen Blick des alten Mannes kriegen
    der sein eigener Kalender ist
der aus dem Haus geht und am Abend wiederkommt
und sich auskennt in Sommer und Winter?

Ich sehe und höre das Blut das wirklich fließt
    wie Blut, ich sehe
das scheinbare Glück auf den Dächern von Friedenau
wenig Rauch, erste Elstern
einen Hahn im Bilderbuch meiner Kinder
    wie ein Klumpen Kupfer
geformt von euren phantastischen Händen.

Immer besetzen uns zu schnell die neuen Toten.
Wir lernen nicht mehr die Gräser zu unterscheiden
    Sträucher, die Bäume.
Wie wächst der Unsinn die Zwiebel zu preisen
    Roggen, den Mais
wie wächst der Unsinn uns über die Köpfe.
Ich muß anschleichen an etwas Natur
mich immerfort mit Verbrechern vergleichen.

Ich muß „das Parkdeck“ betreten
mich in den Garagen suchen hinter Hauben
Flügeln und Motoren
die Welt beiseite schieben
um mich noch mal zu sehn.
Wenn ich vor mir selbst bestehen will
mach ich immer gerade was anderes, hol Kohlen
aus dem Keller
oder verbrenne einen Satz von dem ich tagelang meine
er hätte gehalten
oder ich sitze auf der Buslinie 25 und starre
in Pfützen und Baustoffhallen zwischen Tempelhof
und Neukölln.
Dieser Frühling folgt dem Jahr der Toten.

Den modernen Winter hab ich im Notizbuch.
Ich weiß nicht ob wir je unser Leben so sicher
verloren wie jetzt.
Wenn wir immun sind dann sterben wir
an unseren Immunitäten.

Friede den Armeen die sich überall den Tod verdienen
Friede den Befehlen die ruhen unter der Erde
Friede dem Tod und ein anderer Friede dem Leben, ja
Friede dem Leben und der kleinen Musikalienhandlung
an der Ecke
Friede den Büchern die zittern um ihr Leben
Friede den Friedensbrechern (bindet sie)
Friede dem Frieden (laßt ihn los)
Friede der Asche der Formulare
Friede den grünen Heringen in Zeitung gewickelt

Friede der extravaganten Gerechtigkeit
    von Pablo Neruda
Friede der Liebe und Friede dem Haß aus Liebe

und dann endlich: Friede
Friede der ganzen Erde und den Wassern!

Einige Ausdrücke und Motive, von mir zitiert
oder frei verwendet, stammen aus Gedichten Pablo Nerudas.
Den Schluß verdanke ich Jürgen Theobaldy,
der ihn Neruda verdankt.

Fortsetzungsgeschichte

Früher war der rote Faden eine Blutspur
es gab Momente der Ruhe und der Sammlung
    sogar im Feuer.
Still lagen die Körper bei Sonnenuntergang
die überlebenden Erzähler würfelten.

Inzwischen ist der Tod vorgedrungen bis zu uns
aber wir sind weniger gewarnt
    – keine Witterung mehr.
Ich frag mein Bein ob es Bescheid weiß
meinen Bauch meine Hände mit denen ich
meine Fortsetzungsgeschichte füttere und streichle.

Große Erzählerschlachten sind in meine Wände
    geritzt
Strahlen prasseln auf mein Haar
an den Gelenken werden Uhren alt.
Diese Minuten in denen ich dies aufschrieb
bleiben erhalten wie alles was vorbei ist.
Heute bist du dran morgen ich und beide sind wir
    lange her.

Meine Fenster blicken noch in die Welt
nicht unähnlich der Welt
    wie sie in meine Fenster blickt.
Unter der Kopfkrümmung ist alles begraben
der Anblick der nassen Dächer trocknet schnell.
Wahn summt in der Etagenheizung
Wahn zehrt vom Hund in der Hundegeschichte.

Ich spüre noch Möglichkeiten:
einige Tierleben.

Träume frottiere ich aus dem Gesicht
der Bimsstein liegt auf dem Wannenrand wie gestern
aber vieles ist niedergelegt und abgeschrieben
seitdem.

Hier ist das Wort *hier*
wo ich sitze nämlich
wo der Mitmensch mir den Hinterkopf anbietet
wo ich gestern Cola verschüttet habe
– man sieht es noch auf den Bodenplatten.
Ich habe einen Beutel Schmierseife gekauft
und heute morgen einem Handwerker eine gewöhnliche
Bemerkung gemacht
„so geht das" oder so ähnlich.
Auf die Dauer sagt man mit allem etwas.

An der Geschichte ist das beste daß sie genau
bei uns aufhört
obwohl viele noch mitschreiben.
Ich muß mir immer die Welt ohne mich vorstellen
es muß sein
und wie unverschämt ich oft den Nachkommen
zuvorkomme.
Einst habe ich „einst" geschrieben und schreibe jetzt
wieder „weiße Wände"
meine geheimen Fortsetzungen
meine Wärme die mich an nichts als Kälte erinnert.

Mit uns macht die Geschichte Schluß.
Am genauesten sieht man sie wenn der Zug
langsam entlangfährt an den Rückseiten der Städte
Lagerhallen Höfe, die Kehrseite der Wäsche
        und der Blumenfenster
die erdabgewandte Seite der Geschichte.

Für Wolfgang Maier (1934–1973)

Maier, hier ist die Anrede
und du rührst dich nicht von Anfang an.
In diesem Moment ist das Leben nichts
weil man dir darüber nichts mehr erzählen kann.
Am schlimmsten ist daß wir uns alle
    aus dir zurückgezogen haben.
Am schlimmsten ist daß wir von dir
    nichts mehr erfahren über uns.
Maier, willst du mein Auto?
Hier hast du mein Auto.
Vergiß nicht zu schalten
du hast nie geschaltet, bist immer einfach los
    ohne zu schalten.
Was ist jetzt an deiner Stelle?
Vermutlich das was vor dir da war.
Ich beschwöre dich, Maier, laß nicht immer die Tür auf.
Beim Schumann ist ein Birne durchgeknallt.
Um sechs gehn die Rollos runter auf den S-Bahnhöfen.
Auf dem Savignyplatz ist Herbst.
Wenn wir zusammen auf Touren kamen
vorn rein und hinten raus durch die Baracken
    am Nollendorfplatz
bis in die Silberminen auf der Potsdamer
warst du in Sekunden ganz verwildert
während wir uns unwillig nur etwas vergaßen
und nicht immer nachkamen
in die kranken Toreinfahrten
wo man besser erst den Hut um die Ecke hält.
Maier, mir ist jetzt etwas melodramatisch.
Wir robben durch eine triefende Kolportage

und unsere schönsten Gefühle sind
trivial wie wir es mögen.
Du gehst mit deinen feinsten Schuhen
durch schlimmen Dreck,
ich hüpfe auf der Rolltreppe um deinen neuen
Sakko herum.
Gefühle so wirklich wie der Gehsteig am Wannsee
hier hast du meine zurück.
Gefühle, die du bis zur Weißglut erhitzt hast
bloß um sie wegzuschmeißen.
Jetzt bin ich wieder so als hätte die Art wie ich bin
nichts mit dir zu tun.
Oh, der leere Mantel die leeren Schuhe
die leeren Druckfahnen oh die leere Luft.
Einmal haben wir uns gegenseitig Flusen vom Mantel
gezupft
viel zu lange, als längst keine mehr da waren.
Dann haben wir gelacht bis alle gegangen waren.
Du tot, verstehst du Maier, das bedeutet
daß ich wieder schreibe und gut auf mich aufpasse.
Du bist für mich gestorben
in einem Telefonat von Berlin nach Rom.
Darauf folgten ein paar Tage
an denen du immer versucht hast wieder aufzustehn
aber am Ende der Vorstellung warst du immer wieder tot.
Du hast gelebt und bist tot, damit hast du
die Welt auf gewöhnliche Weise verändert.
Hier ist Rom und ich muß daran glauben
auch an die dumme Wahrheit daß alles
vergänglich ist und unvergänglich.
Dein hingelegtes Gesicht aus dem einmal
die Stimme undeutlich kam bis wir verstanden.
Dein abgelegter verständlicher Körper
der hinter uns zurückbleibt.

Wir haben ein paarmal hinausgeblickt auf den See
– das hat stattgefunden, bleibt aber auch zurück.
Ich habe noch etwas von dir behalten
        das treten und schlagen konnte, treffen
in den Magen, oh, ins Schwarze
und das böser sein wollte als es gut war.
Am besten käme hier keine gute Zeile vor
nur etwas ganz normal Gesprochenes, was ist
normales Sprechen, Maier
wie herum geht ‚normal'? Du hast das Normale oft
        gedrückt bis Wasser kam.
Du hast alles angesehen bis es dir
        in die Augen paßte.
Warmer Schweißerblick – dieser Ausdruck gefällt mir.
Maier, wie schreibst du dich?

Für Pasolini

Im Traum kam Pasolini auf mich zu
    in einer Hauptrolle.
Er sah gut aus, blau blinkend wie eine Maschine
    ein Darsteller für alles –.
Pasolini stapfte durch Pfützen, er konnte
klein sein, untersetzt, dunkel und asozial
    immer war er Pasolini und immer ein Anderer.
Dann stand er in den Eingängen der Rohbauten
    winkte von Gerüsten herab.
Mit dem Finger zeigte er auf alte Autos.
Im ganzen Land lebte eine Bevölkerung
    deren Liebhaber er war
und mit der Kamera fand er Länder
die er durch die dunkle Brille nicht mehr sah.
Meine Bilder jammern, sagte er
    ich könnte Stummfilme machen; seit Jahren
    habe ich kein Wort mehr gehört.
Er fing an sich an mir zu reiben und das ging
    schon in Ordnung.
Dann stürzte er in eine Baugrube.
Ein Auto brannte aus.
Regen fiel ins Meer.
Die Kinowäsche war wieder ganz weiß.

Bahnhof Lüneburg, 30. April 1976

Es ist 5 Uhr 45, unausgeschlafene Autolandschaft,
als habe damit alles endgültig seinen Platz.
    (Nichts mehr anrühren, nichts bewegen!)
Ohnmächtig schluckende Frühaufsteher, Rauch
    auf nüchternen Magen, Aktentaschen, aufmuckende
    Blicke zwischen den flappenden Pendeltüren.
Frau zieht das Rollo des Zeitungsstandes hoch. Birken.
Violetter Schaum.
Es ist noch nicht hell, ein bläulicher Abglanz
    des Himmels hängt zwischen den Bäumen.
Postkarren rattern über den Bahnsteig.
Etwas später macht die Gaststätte auf. Wer eintritt bin ich.

Ein Zug ist eingefahren; wenn er steht, hört man ihn
    knistern und stöhnen. Das Material erschöpft
    und müde.
Vor nicht langer Zeit lag hier Schnee.
Schlafende Parkuhren.
Schlafende Oberleitung.
Diesige Helligkeit schwebt ein, ohne jede Härte wie
– ich muß mich zusammennehmen – die weiche Hand mit der
    Äthermaske.
Welch ein Morgen und welch ein Auge darin.
Wie verlassen und müde ich bin.
Wie krank und verwohnt ein Schnellzug vorbeiweht.

Der Kellner nimmt mir die Tasse weg die noch nicht
    leer ist. Eine Frau raucht mit gespreizten Fingern.
Daß sie so früh daran denkt die Finger zu spreizen.
    Leere Streichholzschachtel auf dem Tisch, Zellophan

und Silberpapier. Das Wasser rauscht im Spülbecken.
Kleine zähe Frau, deren Gesicht neben der Kaffeemaschine
erscheint, wie die Rückblende in einem Zufallsfilm
den noch keiner gesehen hat.

Kleine Zeichnung

Siehst du, Kind, wilde Kastanien
auf dem Wellblechdach, das Auto
klarsichtverpackt, hartgefroren,
das faulige bereifte Laub, siehst du
Gestalten, schwere Schatten
durchs Gebirge gehn.

Was wir „stechenden Schmerz" nennen
ist auch Erinnerung.
Kind, so lange stirbst du
je ferner, um so näher.

Saftige Erde, eingefrorener Kahn
du schaust verdutzt aus deinem Wollzeug
das feucht vom Atem ist.
Schöne Abendröte, Stöcke rubbeln,
weite gefrorene Seele, dauerndes Erzählen.

Die Pracht faulender Äpfel „geht über",
Pappeln am Ufer, unwiderstehlich hart.
In der Hand langsam gewachsener Bleistift.
Die losgelassenen Schlittschuhläufer
    – fließend.

Kind, halt mal!

Aufblitzende Kufe.
Ich sehe nichts, bin nicht da,
Zündhölzer flammen auf überm Eis.

Miniatur

Käfersammlung, begrenzte Farben, blaue Kohle

Meine Taschenuhr hab ich zum Reinigen gebracht
nun ist der Uhrmacher gestorben
Fahrräder surren an seinem Laden vorbei

Meine Handschrift, liebesunfähig
unter dem Aschenbecher mit Kippen, Kronkorken

Kugelschreiber schwarz, Not am Mann
Kontoauszug als Lesezeichen im Nabokov (Ada)

Das Gesicht unserer Erde: eine Riesenlibelle
vor dick aufgetragenem Abendrot

Großer Teddybär auf dem Fenstersims im Hof

Entsorgt

So wird der Schrecken ohne Ende langsam
normales Leben
Zuschauer blinzeln in den Hof
im Mittagslicht
Kleinstadt, harte Narbe ziegelrot
Gasthaus, wehende Gardinen
und am Schreibtisch ist jetzt gering
der persönliche Tod
Ich kann nicht sagen, wie die Panik der Materie
wirkt, wie ich in meiner Panik
die nicht persönlich ist, nur an die
falschen Wörter komme.
Das sorgend Schöne fehlt mir an *Krypton* und
Jod 129. Mir fehlt die Zukunft der Zukunft
mir fehlt sie.
Mir fehlen schon meine Kindeskinder
Erinnerung an die Welten
mir fehlen Folgen, lange Sommer am Wasser
harte Winter, Wolle und Arbeit

Hier entstehen Folgen starker Wörter
die leblos sind, das verruchte Gesindel
spürt nichts, sie schließen die Kartelle
keine Ahnung was sie in die Erde setzen
Ahnung nicht, nur Wissen
was sie in die Erde setzen in Luft und Wasser
für immer
kein Gefühl für „immer". Den Tod
sonderbehandeln sie wie einem Schädling
der gute Tod vergiftet wie die liebe Not.

Was schändet ihr die Gräber meiner Kindeskinder
was plündert ihr den Traum der Materie,
den Traum der Bilder, des Gewebs, der Bücher
Knochen.

Die Trauer ist jetzt trostlos
die Wut ohne Silbe, all die maskierte Lebendigkeit
all die würgende Zuversicht
Gras stürzt, die Gärten stürzen, niemand
unterm Geldharnisch fühlt die Wunde
entsorgt zu sein von sich selbst.
Kein Gedicht, höchstens das Ende davon.
Menschenvorkommen
gefangen in verruchter Vernunft, die sich
nicht einmal weiß vor Wissenschaft.
Kein Schritt mehr frei, kein Atem
kein Wasser unerfaßt, käufliche Sommerspuren
die Haut der Erde – Fotoabzüge
die betonierte Seele, vorbereitetes Gewimmer
das dann nicht mehr stattfindet
vor Stimmgebrochenheit.
Winzige Prozeßrechnungen in der hohlen Hand
beleben die Erde, alleswissende Mutanten
dafür totaler Schutz vor Erfahrungen.
Lebensstatisten, Abgänger. Am Tropf
der Systeme.

Gekippte Wiesenböschung, Engel, ungewisse,
warmer Menschenkörper und Verstehn
Gärten hingebreitet, unter Zweigen Bänke …
… Schatten … Laub … im Wind gesprochen
……… Samen

Im D-Zug München – Hannover

Köpfe rollen in Bahnhöfen
trüber September 77
Weinberge stürzen in die Farben
die Pakete auf den Karren enthalten Zeitzünder.
Kleine Schiffe auf dem Main.
Friedlich ist das Licht
friedlich ist der Raucher auf dem Gang
auf dem Rasen neue Gesichter am Ball.

Ein paar Notizen aus dem Elbholz

...
Augenblicklich nach dem Wiederlesen
der Idyllen von Geßner rausgefahren
Auto in den Graben bei den wurzelnden Füßen
des Höbbecks und ins Elbholz gegangen
für fünf sechs Stunden wie auch die folgenden
Tage
Ende November 77

Momente, die sich tief in den Raum erstrecken
d. h. versammelte Ewigkeit
die eine Weile stillhält, kleine Energien
stelle ich mir vor, schrieb ich

Gehend also durch klein-große UNSCHEINBARKEIT
    (kann ich nur sagen)
weite Wiesen, das Gras, gefroren und funkelnd
von Reif, quietscht, der alte Wald
ächzt, und Dampf, rosafarben, steigt auf
    wie von lagernden Herden

Alles nicht aus Ideen gemacht, schwarzes
nasses Geäst der geschmähten Eichen
    rumpelt am Himmel

Falbes Schilf, Basaltmolen, Schauer, wie geträumt
aus weißem Gras

Halb unter Wasser die Zäune sinken
grüne Wolle aus Stacheldraht
Holzgestalten wandeln, erstarren erst im Blick

Als ich die Motorsägen schrillen hörte
hab ich die Gummistiefel angezogen
und bin durch einen Sumpf gegangen wo
die Bäume umgarnt sind

Es raschelt wie Haufen Stanniol, wie Laubwirbel
auf der Chaussee

Gespannter Fotoapparat – jetzt kann ich nichts
jagen oder festhalten

Drei aufgeräumte Häuser knien am Deich
du gehst als gingst du unter Freunden
du gehst mit tiefen Schritten durch dich selbst

Wildschwäne – weiße Seufzer

Versunkener Elbkahn, tiefe Geschichte im Schlick
Stapel Spaltholz
Stämme unendlich hoch mit finstren Brauen

Hier bin ich wo die gestanzten Horizonte
nicht sind – eiskalter Bleistift
zum Jauchzen fehlt uns innere Stimme

Wie schön das Ahnungslose, und ich bin
    nicht ruhig, so wie ich eile durch Verluste

Braunes Wasser in den Karrenspuren
über und über vernarbte Eiche – wie stark und
wie lange schon tot

– Selbstgespräche mit allem hier –

Der Kirchturm weit jenseits der Elbe-schaut

Wie durch das Tal der Elefanten. Siehst du
im Sand das weiß Beinerne, Stoßzähne im Farn.
Auf gekralltem Baumstumpf sitzen, rauchen
ins Wasser starren das so fahl

Die jungen Birken halten immer noch das Laub
graues Patrouillenboot hält auf mich zu
was hält die Wasserspiegel, schwebend,
    auf den Wiesen

Entengrütze an den Stiefelschäften
an der Hose auch, auch an den Fingern und
an der Zigarette

Kein Mensch könnte das in Unordnung halten
dies klare Durcheinander des Wachsenden
übereinander Hergefallenen. Schichten
dunkle Wolke, Nebelfetzen
im Wind siedendes Riedfeld

Lichte Wolke, fleischfarben
Lichtung, helle Windstille, schön hingelagert
für ein Fest das nicht ist

Die Zufriedenheit, heimzukommen danach
kann ich nur hier spüren

Die Speere der Landvermesser werden abgeladen
sie schleppen Stative heran. In ihrer Optik
ist alles zu schade, um nur dazusein.
Gelbe Helme, gelbe Plastikmäntel – haßerfüllt
blicke ich ihnen entgegen wie der einzig
Einheimische

Ich würde singen, verheerend, niederschmetternd
– große Orgel bei jedem Wind

So übermütig will ich versteinern und
bestaunt werden

Ich will nicht immer wüten und abgehn.
Gesagt hab ich mal, daß einer zum Krüppel wird
wenn er seiner Zeit böse bleibt
und jetzt bin ich Krüppel, böse nicht genug

Zwischendurch: dies ein Mißverständnis
    prinzipiell,
ein nicht verstandenes

Aber Elbholz, schönes Sinken
gelegene Wiesen, Seelen der Bäume, Vögel
alles von mir genommen und ausgestellt

Ein „abgelegenes Gehöft“, halb eingesunken
    in Schlamm
Drahtrollen, Autowracks umgestürzt
Regentonne, eingeknickter Schuppen
– verlassen nach der Plage

Wenn ich sterbe will ich allein sein
nicht mich berühren, nichts verwischen
kein Wort
es soll alles echt aussehen

Dünnes Land, die Schwebe haltend und
das tragende Wasser tragend, die Vögel
    sind ja nicht schwer.
Der Deich führt in die Regenhalle

Wenn Sonne scheint, reckt sich das Holz
Stimmen schwirren, Gefieder säuselt
Wasser strahlt Luft an, Wolken so weiß
– die Welt schließt sich und zieht
woanders hin

Nichts zu sehen
– das Elbholz braucht diese Momente
der Leere und Versunkenheit.
Kleine Luftblasen platzen an den Gummistiefeln

Nach dem Regen: wie lange es noch rinnt
und tropft, wie alles einen Weg findet
alles was richtig ist

Manchmal wird die Schönheit allgemein
der Körper irgendwo hineingeschmiegt ins Sehen
es gibt keine Achse, keinen Punkt, alles ist
schon geformt, alles ist da und zugleich
verschwunden, ganz gedankenstill

Als ich mich plötzlich bewegte
war der blaue Wald nähergerückt
das Wasser gluckste unter dünnem Eis am Ufer
Gefrorene Spuren von Paarhufern, Dörfer
dünne Rauchfahnen, kleine Fenster
in der Luft

Die Ruhe auf dem Lande ist oft stille Wut

Ein untergehaktes Paar mit Feldstecher:
wir weichen uns viel zu weit aus
        (um anzudeuten, daß genug Platz ist für jeden)
und grüßen eifersüchtig

Sturmschneise, gesplissene Stämme
niedergeworfenes, weggeschütteltes Geäst
schwere Brüche – in der langen Stille
        nach dem Sturm sieht das nicht
        wie ein Schaden aus

Die ganz ruhige Luft am Nachmittag.
Es wird bald dunkel, das Land hinter dem Strom
        wie eine gespannte Sehne

An der Deichböschung hängenbleiben
mit gebrochenem Fuß, Selbstgespräche

Lastkähne, schlau und eifrig der Nase nach.
Gegen Abend siehst du sie querliegen
wie sich selbst und der Strömung überlassen
        bei Schnackenburg, das eine Legende ist
(eigentlich nicht bewohnt, nur *wie* bewohnt)

„....... Proviant fast verbraucht. Der Deich führte weit landeinwärts und erste Lichter funkelten und verschwanden wieder. Wir hörten Wasser plätschern und spritzen, und dunkle horchende Tiere erschienen auf der Lichtung, unbeweglich. Der Deich führte um eine Waldspitze herum zurück an den Fluß. Vor uns lag Schnackenburg, gerade noch rötlich in der Dämmerung ..."

Autobiographie

Ich bin 1937 geboren in einer Stadt wie Duisburg; es war die Stadt Duisburg, da ist es passiert. Das Ruhrgebiet war meine Heimat, als ich aufwuchs, aber ich glaube, das bedeutet nicht viel. Ich habe auch das Ruhrgebiet nicht richtig verstanden, hatte manchmal den Eindruck, es sei überhaupt unverständlich. Andere meinten später, das Ruhrgebiet müsse für einen Schriftsteller eine Goldgrube sein; für mich war es eher eine Fallgrube. Eines Tages bin ich aus dem Ruhrgebiet getürmt, obwohl ich mich sicher vom Dreck und von den Bildern vom Dreck nicht lösen konnte, jedenfalls bin ich nie richtig sauber geworden und das Ruhrgebiet holte mich immer wieder ein. Es geht zwar nicht mehr unter die Haut aber unter die Fingernägel; der Steinstaub bleibt für alle Zeit auf den Stimmbändern. Ich bin unzufrieden geblieben. Vielleicht ist das ein chronischer und krankhafter Zustand, der mich aber (wahrscheinlich) zum Schreiben gebracht hat.

Ich weiß genau, daß es altmodisch klingt, aber Schreiben hat sicherlich etwas mit Magie zu tun. Schreiben besteht aus Beschwörungsformeln, die Wirklichkeiten oder Tatsachen in Bann schlagen sollen. Es ist ein Modifizieren dieser Tatsachen, ein Durchlöchern dieser Tatsachen, ein Überbelichten dieser Tatsachen, ein Überwinden dieser Tatsachen. Daß dieses Überwinden der Tatsachen in einem kulturellen Sektor der Gesellschaft, der Literatur geschieht, ist auch der größte Mangel der Literatur. Dingwörter sind nicht die Dinge selbst. Aber es gibt da eine interessante Wechselbeziehung zwischen den Dingen und ihren verbalen Entsprechungen. Der dingliche oder besser faktische Sektor ist nicht säuberlich getrennt von dem verbalen. Ein Ding ist erst zu begreifen durch einen Begriff, durch das benennende Wort. Wenn mir jemand eine Person oder eine Landschaft beschreibt, die ich dann nachher kennenlerne, vergleiche ich meinen Eindruck mit der Beschreibung oder vergleiche die Beschreibung mit meinem Eindruck. Eine Situation kann ich nur genau bewerten, wenn mir gleichzeitig eine Art überwirkliche Entsprechung aus Worten oder Bildern vorschwebt, ja die ganze Wirklichkeit, wie sie von mir erfahren wird, braucht ein Überbild von sich selbst in meinem Kopf.

Um diesen Zusammenhang zwischen der Realität und den Möglichkeiten unseres verbalen Systems zu erläutern und auch, daran gekoppelt, die Notwendigkeit utopischer Wunsch- und Gegenbilder zur herrschenden Realität zu zeigen, habe ich in meinen Gedichtbüchern solche Nachbemerkungen geschrieben.

Wenn ich in einem Gedicht geschrieben habe, „Kunst heißt das Leben mit Präzision verfehlen", meinte ich, abgesehen davon, daß der Ausdruck etwas fremdartig und provozierend ist, daß Kunst nicht eine Kopie des Lebens sein soll, nicht eine Fälschung von Meisterhand sein soll. Aber das Leben muß *mit Präzision* verfehlt werden, Kunst darf nicht einfach am Leben vorbeigehen. Sie muß das Leben verfehlen in gleichzeitig sicherer und gefährlicher Distanz.

Es gibt Theoretiker und auch Schriftsteller, die die Forderung erhoben haben, der Schriftsteller habe den passenden Realismus zur jeweiligen Realität zu liefern. Diese Forderung klang zwar etwas anders, war aber so gemeint, wie ich sie ausgedrückt habe. Ich finde dagegen, daß der Schriftsteller seine Phantasie benutzen soll, um Träume, Visionen und Wünsche zu artikulieren, daß er eine mögliche oder sogar unmögliche Gegenrealität entwerfen soll, damit unsere einzige, *die Realität* transparent wird, gemessen werden

kann am *Besten*. Das Mögliche muß sich im Trommelfeuer der Medien erst wieder einführen und revoltieren gegen das abgekartete Spiel der Fakten.
Als Kinder hatten wir einen radikalen und absoluten Anspruch an die Welt: den Anspruch auf Glück, Unsterblichkeit. Dieser Anspruch muß wieder eingeführt werden. Erst dann werden wir uns voll bewußt, was wir alles entbehren und um was wir alles betrogen sind.

Quellenverzeichnis

Die Gedichte „Marktlage" bis „Nachrufe" aus: *Marktlage,* Köln, Berlin 1967.

„Anzeige" bis „Da hat er gelernt was Krieg ist sagt er" aus: *Wo mir der Kopf steht,* Köln, Berlin 1970.

„Donnerstag, fünfzehnter Juli" bis „Das Erscheinen eines jeden in der Menge" aus: *Das Auge des Entdeckers,* Reinbek 1972.

„Horror, Dienstag" bis „Ein paar Notizen aus dem Elbholz" aus: *Gedichte 1967–1978,* Reinbek 1978.

Die Textfassung sämtlicher Gedichte folgt der Ausgabe *Gedichte 1967–1978,* Reinbek 1978.

„(Autobiographie)" aus: *Die Welt der Maschine. Aufsätze und Reden,* Reinbek 1980.

Der Abdruck des Faksimiles „Kleine Zeichnung" erfolgt mit freundlicher Genehmigung von Monika Steinkopf, Bergen-Enkheim.

Inhalt